Wenn das Zupacken im Sturzflug nicht klappt, wird die Jagd einfach zu Fuß fortgesetzt.

Inhalt

Das gibt es alles zu entdecken!

Eulen nach Athen tragen

Auf alten griechischen Münzen war ein Steinkauz abgebildet. Daher nannte man sie auch Eulen. Weil Athen eine sehr reiche Stadt war, gab es jede Menge dieser Eulen. Wenn du sprichwörtlich Eulen nach Athen trägst, tust du also etwas vollkommen Überflüssiges.

GEHEIMNISVOLLE WESEN
Da die meisten Eulen überwiegend nachts unterwegs sind, sehen wir sie selten. Manchmal hören wir sie im Dunkeln, wenn es ganz still ist. So plötzlich, lautlos und geheimnisvoll, wie sie aus dem Nichts auftauchen, sind sie auch schon wieder in der Nacht verschwunden – wie diese Schleier-Eule.

Vögel der Nacht

Für die einen stehen Eulen für Weisheit, für andere sind sie faszinierend und magisch. Manche verbinden sie mit Aberglauben.

Lautlose Jäger

Nachts auf Beutezug

Stell dir vor, draußen ist es dunkel. Nur der Mond scheint. Eine Maus wagt sich aus ihrem Versteck. Sie wuselt durch das hohe Gras auf der Suche nach Futter. Plötzlich wird sie von scharfen Krallen gepackt.

Auf der Jagd

Viele Eulen jagen in der Dämmerung oder bei Nacht. Aber auch am Tag sind manche von ihnen auf der Jagd. Meistens lauert eine Eule geduldig auf einem Ansitz, also auf einer Anhöhe wie einem Ast oder einem Felsen. Von dort oben beobachtet sie alles um sich herum und sucht ihr nächstes Beutetier. Dann greift die Eule an. Lautlos hebt sie ab und schnellt im Sturzflug auf ihre Beute hinunter. Kurz vorher bremst sie etwas ab und packt mit gespreizten Zehen zu. Andere Eulen fliegen nah über dem Boden auf der Suche nach Beute, zum Beispiel über Felder und Wiesen.

Was fressen Eulen?

Auf dem Speiseplan der Eulen stehen neben Mäusen auch andere Nagetiere und kleine Säugetiere wie Igel, Kaninchen oder Eichhörnchen. Würmer, Schnecken und Insekten sind genauso beliebt. Andere Vögel wie zum Beispiel Tauben, Krähen oder kleine Singvögel sind ebenfalls nicht sicher vor den Jägern. Manche größeren Eulenarten machen sogar Jagd auf andere kleinere Eulen!

Komplett verschlungen

Ist die Beute gefangen, wird sie mit einem schnellen Biss getötet und meist komplett mit Haut, Haaren und Knochen geschluckt. Kaum zu glauben, wie so große Mäuse in die kleinen Schnäbel passen können! Weil Eulen einen dehnbaren Magen haben, müssen sie ihre Beute nicht erst zerkleinern. Hat die Eule viel gefressen, bekommt sie daher einen dicken Bauch.

IM STURZFLUG
Dieser Steinkauz stürzt sich auf sein nächstes Opfer. Ob es noch fliehen kann?

TÖDLICHE WAFFEN
Die Füße der Eulen nennt man Fänge. Die Zehen an jedem Fuß sind mit messerscharfen Krallen ausgestattet. Aus dem meist tödlichen Griff gibt es kein Entkommen mehr.

Verrückte Zehe

Die vierte äußere Zehe können Eulen nach vorne und nach hinten drehen. Das ist die Wendezehe, und die ist superpraktisch. Ist die Zehe nach hinten gedreht, können dadurch Beutetiere sicherer gepackt und festgehalten werden. Die meisten anderen Vögel wie zum Beispiel Greifvögel haben keine Wendezehe – außer der Fischadler. Vermutlich, damit er schleimige und zappelnde Fische gut festhalten kann.

Die Superaugen

Sehen in der Dunkelheit

Vor 50 Millionen Jahren – so lang gibt es Eulen schon – waren die ersten Säugetiere kleinwüchsig und nachtaktiv. Auf sie machten die ersten Eulen Jagd. Diese folgten ihrer Beute in die Dunkelheit und entwickelten so über Jahrtausende scharfe Sinne zum Jagen.

Warum können Eulen so gut im Dunkeln sehen?

Eulen besitzen um ein Vielfaches leistungsstärkere Augen als die meisten Vögel – die sehen nämlich im Dunkeln fast nichts. Eulenaugen sind extrem lichtempfindlich. In der Nacht nutzen sie noch die kleinste Menge an Restlicht zum Sehen. Dafür vergrößern Eulen die Pupillen in ihren riesigen Augen, sodass sie diese fast komplett einnehmen. Bei ganz viel Licht werden die Pupillen sehr klein. Das können sie sogar für jedes Auge einzeln. Im Stockdunkeln können allerdings auch Eulen nichts mehr sehen.

Farben sehen

Auf der Netzhaut von Eulen und Menschen befinden sich viele Sehzellen. Die sind unterschiedlich geformt: Es gibt Stäbchen und Zapfen. Die Stäbchen sind für das Sehen im Dunkeln zuständig, die Zapfen für Farben. Eulen können in der Dunkelheit viel besser sehen als wir Menschen. Das liegt nicht nur an ihren großen Pupillen. Die Tiere haben auch mehr Stäbchen-Sehzellen als wir. Dafür haben wir mehr Zapfen als Eulen und können damit super Farben sehen. Eulen können das eher schlecht. Eine Ausnahme ist der tagaktive Sperlingskauz. Er sieht nachts schlechter als wir, dafür erkennt er Farben besser als seine Verwandten. Er hat nämlich mehr Zapfen- als Stäbchen-Sehzellen auf der Netzhaut. Da er tagsüber jagt, ist das wichtiger für ihn.

Nickhaut

Bunte Schutzschicht

Unter ihrem Augenlid haben Eulen die Nickhaut, die sie über das ganze Auge legen können. Sie schützt das Auge und hält es feucht. Die Nickhaut ist meist durchsichtig. Bei Weißgesichts-Eulen ist sie wie hier im Bild blaulila.

Super Fakten

1 *Sehkraft*
Eulen sind von Natur aus **weitsichtig**. Sie sehen Dinge in der Ferne besser als direkt vor ihrem Schnabel.

2 *Göttervogel*
Die griechische Göttin Athene wählte den Steinkauz als **Symbol für** ihre eigene **Weisheit**.

3 *Riesige Augen*
Hätten wir im Verhältnis zur Kopfgröße genauso große Augen wie Eulen, wäre **jedes Auge** von uns etwa **so groß wie ein Apfel**.

AM TAG
Wenn es hell ist, verengen sich die Pupillen der Eulen. Damit schützen sie ihre Augen vor dem hellen Licht. Trotzdem sehen Eulen auch am Tag sehr gut.

Den Kopf verdreht
Eulenaugen können ganz schön viel. Aber eine Sache können sie nicht: sich nach rechts und links bewegen wie unsere Augen. Eulen können nur nach vorne schauen. Denn ihre Augen sind in einem Knochenring starr verankert. Um das auszugleichen, können Eulen ihren Kopf ganz weit drehen: bis zu 270 Grad! Das ist fast einmal um die eigene Achse. So haben sie nahezu einen Rundumblick. Möglich machen das ihre 14 Halswirbel. Menschen und andere Säugetiere haben nur halb so viele. Eine Eule könnte sich nach links drehen und über ihre rechte Schulter schauen – probier das doch mal aus.

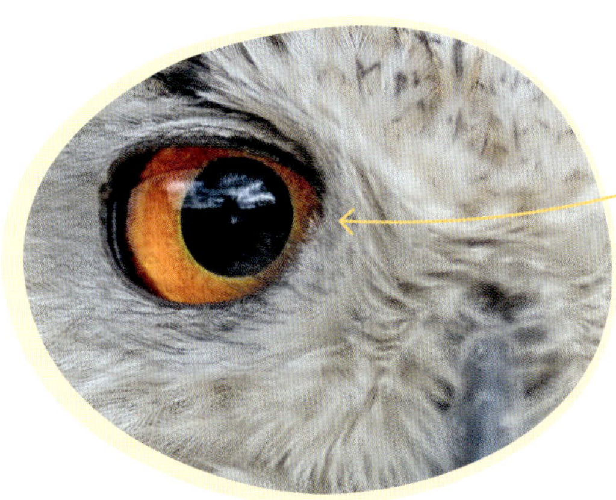

IN DER DUNKELHEIT
In der Dämmerung oder in der Nacht weiten sich die Pupillen der Eule, damit sie so viel Licht wie möglich einfangen.

Die Superohren

Was Eulen alles hören können

Eulen können super sehen, aber noch viel besser hören. Die Schleier-Eule hält dabei den Rekord: Sie sieht in völliger Dunkelheit zwar nichts mehr, aber dafür hört sie Mäuse in 50 Metern Entfernung piepsen. Sie könnte sogar im Dunkeln nach Gehör fliegen.

Wo sind die Ohren?

Dachtest du, dass die Federbüschel auf dem Kopf der Eulen ihre Ohren sind? Falsch gedacht! Das sind die Federohren. Aber hören können Eulen damit nichts. Die richtigen Ohren sitzen rechts und links unter den Federn am Kopf. Bei den meisten Eulenarten sind sie höhenversetzt. Das ermöglicht ihnen ein räumliches Hören. Eulen nehmen also ein Geräusch von der Seite mit einem Ohr einen Bruchteil einer Sekunde früher wahr als mit dem anderen Ohr. Durch diesen Zeitunterschied kann die Eule auf den Millimeter genau ermitteln, wo sich ihre Beute befindet.

Geräuschverstärker

Fast alle Eulen haben einen Gesichtsschleier aus Federn. Alle zarten Federn dieses Schleiers sind in Richtung der Ohren ausgerichtet, die gut unter dem Gefieder verborgen sind. Der Schleier bündelt den Schall wie ein Trichter und leitet ihn Richtung Ohren. Dieser Gesichtsschleier dient also als ein Verstärker für Geräusche.

Ohr
Eulen haben riesige Ohren! Verborgen unter ihrem Gefieder kannst du sie normalerweise nicht sehen. Das linke Ohr der Eule sitzt etwas tiefer als das rechte.

Auge

AHA

Können Eulen riechen?

Eulen können zwar riechen, aber vermutlich nicht besonders gut. Von anderen Vögeln wie zum Beispiel Geiern weiß man hingegen, dass sie super riechen können. Sie wurden sogar schon für Leichensuch-Projekte ausgebildet – leider nicht sehr erfolgreich, weil Geier etwas eigenwillig sind.

Wer läuft unterm Schnee?

Die ungewöhnliche Leistungsfähigkeit des Eulengehörs konnte mit modernsten Messgeräten belegt werden: Eulen können Mäusetrippeln unter einer 20 Zentimeter dicken Schneedecke wahrnehmen. Die beweglichen Ohrläppchen vor und hinter den Ohr-Öffnungen haben kurze, harte Federn und unterstützen ebenfalls die Ortung des Geräusches. Dazu kommt der auffallend große Kopf der Eulen. Die Gehör-Öffnungen sind im Vergleich zu denen von anderen Vögeln sehr groß.

Das Gehörzentrum der Eule

Der Teil des Gehirns, in dem sich das Gehörzentrum der Eule befindet, hat sehr viele Nervenzellen. Die helfen der Eule beim genauen Orten ihrer Beute. Eine Schleier-Eule besitzt zum Beispiel rund 90 000 Nervenzellen. Das sind ganz schön viele! Im Vergleich dazu sind es bei einer Krähe nur 27 000. Aber nicht alle Eulen haben so viele Nervenzellen in ihrem Gehörzentrum.

HERZFÖRMIGER SCHLEIER
Bei Schleier-Eulen kannst du den Gesichtsschleier besonders gut erkennen. Er ist sehr ausgeprägt und herzförmig. Dieses Merkmal hat der Schleier-Eule ihren Namen gegeben.

Mit leisen Schwingen

DAS ERFOLGSREZEPT
Wenn Eulen jagen, fliegen sie oft langsam und dicht über dem Boden. Sie hören genau, wo ihre Beute gerade entlangläuft. Entdecken sie eine Maus, packen sie blitzschnell zu. Das gelingt nur, weil sie fast geräuschlos unterwegs sind.

Fast lautlos gleitet der Uhu mit seinen riesigen Flügeln durch die Luft.

Lautlos durch die Nacht

Was Eulenfedern besonders macht

Nur super sehen und hören zu können, reicht den Eulen nicht. Denn kleine Beutetiere können das auch. Für die Jagd brauchen Eulen noch eine weitere Fähigkeit: das lautlose Fliegen! Speziell geformte Federn machen es möglich.

Federkamm
Er besteht aus feinen Häkchen an der Vorderkante der Federn und ermöglicht der Eule das lautlose Fliegen.

Geräuschlos fliegen – wie geht das?

Eulenflügel sind im Verhältnis zum Körper ziemlich groß. Das macht Eulen zu guten Gleitern. Die Federn an den Flügeln sind an der Vorderkante abgerundet und wie kleine Kämme geformt. Das verhindert, dass beim Fliegen hörbare Luftwirbel entstehen. Außerdem sind die Federn flauschig weich und schlucken wie ein Teppich den Schall. Deshalb hört die Maus die Eule nicht, selbst wenn sie ganz nah ist.

Leises Fliegen hat seinen Preis

Der Nachteil dieser speziellen Flügel ist allerdings, dass sie weniger wasserabweisend sind als zum Beispiel die Flügel von Greifvögeln. Das Gefieder einer Eule saugt sich leichter mit Wasser voll. Das heißt, dass Eulen bei Regen nicht jagen können. Besonders wenn sie ihre Küken aufziehen, kann das zum Problem werden.

Uhu 1,80 m Spannweite

Habichtskauz 1,25 m Spannweite

Schleier-Eule 85 cm Spannweite

Raufußkauz 60 cm Spannweite

Sperlingskauz 35 cm Spannweite

Mädchen etwa 1,30 m Größe

EULENFLÜGEL
Die großen und langen Schwungfedern am Flügel einer Eule heißen Armchwingen und Handschwingen.

Sag mal …

Clara, 9 Jahre
»Verlieren Eulen auch mal ihre Federn?«

»Ja, sie wechseln ihr Gefieder ein- bis zweimal im Jahr, um alte und kaputte Federn auszutauschen. Das ist wichtig zum Fliegen. So ein Federtausch heißt Mauser.«

Außerdem braucht dieses besondere Gefieder viel Pflege. Deshalb putzen sich Eulen ausgiebig und richten dabei neue Federn sorgfältig aus.

Von Eulen lernen

Forschende haben Eulenflügel mit einem 3-D-Drucker nachgebaut und dann getestet, wie die Luft durch sie strömt. Tatsächlich erzeugen sie weniger Verwirbelungen als die Flügel anderer Vögel. Es kann gut sein, dass die Ergebnisse einmal dazu beitragen werden, dass Flugzeuge leiser fliegen oder Windturbinen und Ventilatoren geräuschärmer arbeiten.

Schützendes Federkleid

Das voluminöse Gefieder einer Eule enthält sehr viele Deck- und Daunenfedern. Die Deckfedern bedecken den Rumpf, den Kopf, die Flügelansätze und den Schwanzansatz und schützen die Eule vor Wind und Kälte. Die weichen Daunenfedern liegen unter den Deckfedern und halten die Eule zusätzlich warm. Eulen, die in kalten Regionen leben, haben sogar Federn an den Beinen und an den Zehen.

WER BEOBACHTET DICH?
Keine Angst, das ist nur ein neugieriger Uhu. Im Dunkeln sieht er dich an und folgt dir ruhig mit seinen Blicken. Denn er möchte nicht entdeckt werden. Wegfliegen wird er erst, wenn es für ihn gefährlich wird.

Augen in der Nacht

Hinter Blättern und Sträuchern blicken dich orange leuchtende Augen an.

Huhuuu

Uhu, Kauz oder Eule?

Alle Eulenarten werden unter dem Oberbegriff Eule zusammengefasst. Ein Uhu ist also eine Eule, ein Waldkauz ist eine Eule und eine Schleier-Eule ist auch eine Eule.

Alles Uhu?

Die einzelnen Eulenarten werden in Familien und Gattungen unterteilt. Eine Gattung ist zum Beispiel die der Uhus. Dazu gehört der Uhu, der Flecken-Uhu, der Virginia-Uhu, aber auch die Schnee-Eule.

Eule oder Kauz?

Ist ein Kauz auch eine Eule? Ja! Käuze sind auch Eulen. Aber Käuze sind nicht immer so klein wie der Steinkauz. Der Bartkauz zum Beispiel ist fast so groß wie ein Uhu.

Eule oder Greifvogel?

Eulen und Greifvögel sehen sich sehr ähnlich. Sie haben beide scharfe Krallen und einen krummen Schnabel. Sie sind aber nicht miteinander verwandt, wie man vielleicht zuerst denken könnte. Forschende vermuten, dass sich Eulen und Greifvögel so ähnlich sehen, weil sie in den gleichen Lebensräumen leben und Jagd auf ähnliche Beute machen. Die einen jagen in der Dämmerung und Nacht, die anderen am Tag.

BODENJÄGER
Der Steinkauz ist mit seinen 150–250 Gramm ein Leichtgewicht und jagt auf Weiden, Feldern und Obstwiesen vor allem kleine Mäuse und Insekten.

Der Uhu

Größe	55–75 cm
Flügelspannweite	150–188 cm
Gewicht	1600–4200 g
Geschwindigkeit	bis 52 km/h
Alter	bis zu 27 Jahre
Nahrung	Mäuse, Tauben, Igel, Hasen und vieles mehr
Ruf	»Huhuuuuu«, »Bu-hooo«
Lebensraum	Kiesgruben, Wälder, Steinbrüche, Felsen, hohe Gebäude in Städten

UHU
Er ist der König der Nacht. In der Wissenschaft wird er auch *Bubo bubo* genannt. Denn seine nächtlichen Rufe klingen in etwa wie »Bu-hooo bu-hooo«.

SCHNEE-EULE
Sie ist vor allem für ihr weißes Federkleid und ihre gelben Augen bekannt.

Im hohen Norden

Die Schnee-Eule ist in der Arktis und in subarktischen Regionen beheimatet, wo sie in offenen Tundren, Mooren und Küstengebieten lebt. Schnee-Eulen sind ausgezeichnete Jäger und ernähren sich hauptsächlich von Nagetieren wie Lemmingen und Wühlmäusen. Normalerweise sind sie Einzelgänger, leben aber im Sommer zur Brutzeit mit einem Partner zusammen. Sie brüten auf Felsen oder Bodenerhebungen und sind dort gut getarnt.

Im Gespräch mit ...

Leon Becht, Schüler und Naturschützer
Leon ist 18 Jahre alt und kommt aus Waldsee bei Speyer in Rheinland-Pfalz. Bereits mit 13 Jahren fing er an zu imkern. Heute setzt er sich zusätzlich für den Schutz von Steinkäuzen ein.

HAST DU DICH SCHON IMMER FÜR EULEN INTERESSIERT?

Eulen kannte ich früher nur aus Kinderbüchern. Die niedlichen Wesen mit ihren Kulleraugen waren darin meist nachts unterwegs oder gaben anderen Tieren einen weisen Rat. Als ich zwölf war, lernte ich bei einem Foto-Workshop Tanja Brandt und ihre gefiederten Freunde kennen. Dort war ich ihnen ganz nahe und hatte viel Zeit, sie zu beobachten. Vom ersten Moment an war ich von diesen Tieren fasziniert, besonders von dem Eulenwinzling Poldi.

UND DANN BIST DU AUF DIE IDEE GEKOMMEN, NISTKÄSTEN FÜR STEINKÄUZE ANZUBRINGEN?

Das hat dann noch eine Weile gedauert. Eigentlich war damals Imkern mein Hobby. Ich bekam die Gelegenheit, von einem anderen Imker noch weitere Bienen zu übernehmen. Sie stehen in einem Naturschutzgebiet bei Ludwigshafen. Als ich das Grundstück zum ersten Mal betrat, fiel mir in einem abgestorbenen Baum ein Nistkasten auf, den jemand für einen Steinkauz angebracht hatte. Er war bewohnt. Der Nistkasten brachte mich auf die Idee, zusätzlich die wilden Verwandten von

WARUM HAT EIN KASTEN SO VIELE ZIMMER?
Sie schützen die Eulen vor dem gefährlichen Marder. Um in die eigentliche Bruthöhle zu gelangen, muss man um mehrere Ecken und durch kleine Kammern schlüpfen. Der Steinkauz kann das. Der Marder hingegen ist dafür zu lang.

Poldi zu unterstützen, so wie es Tanja durch die Auswilderung von Jungtieren seit vielen Jahren macht. Ich kaufte also drei Nistkästen und begann mein Projekt Steinkauz.

WO HÄNGEN DEINE NISTKÄSTEN?

Geeignete Bäume fand ich schnell: zwei Nussbäume, die mein Uropa gepflanzt hat. Sie wachsen auf einer Streuobst-Wiese – für die Käuze ideale Jagdbedingungen. Bei meinen Bienen auf einer alten Eiche hängt auch ein Nistkasten. Mit dem Geld, das ich beim Imkern einnehme, werde ich weitere kaufen und aufhängen.

KÖNNEN DAS ALLE?

Im Prinzip schon. Ich hatte viel Unterstützung von meinen Eltern und einem ehrenamtlichen Vogelexperten und Forstwirt, der sich in unserer Region seit Jahren um Eulen kümmert. Und von Tanja Brandt natürlich, die mir die Gelegenheit gab, so viel über diese wunderbaren Tiere zu erfahren.

Nachwuchs im Nest

Vom Ei bis zum ersten Flug

Im Frühjahr beginnt die Balz, und das nächtliche Rufen der Männchen ist weit zu hören. Sie locken damit Weibchen an und grenzen ihr Revier ab. Hat sich ein Paar gefunden, bleiben sie meist ein Leben lang zusammen, oft am selben Brutplatz. Dann wird es Zeit zum Brüten.

Stubenhocker

Junge Eulen schlüpfen mit geschlossenen Augen, die sich erst nach einigen Tagen öffnen. Sie sind völlig hilflos und müssen gefüttert werden. Solange die Eulenküken im Nest hocken, werden sie Nestlinge genannt.

Im Ei

Die meisten Eulen bauen keine Nester, sondern nutzen alte Nester oder Höhlen von anderen Tieren. In dieses legt das Weibchen im Abstand von 2 bis mehreren Tagen ihre Eier. Je nach Art können das 1–6 Stück sein.

Der Ei-Zahn

Als Hilfsmittel haben Eulenküken einen Ei-Zahn. Das ist eine kleine Spitze auf dem Schnabel, die als Hammer dient. Der Ei-Zahn bildet sich später zurück, und wenn die Eulen das Nest verlassen, ist er gar nicht mehr zu sehen.

Frisch geschlüpft!

Die Brutdauer beträgt 22–35 Tage. Das Weibchen brütet und das Männchen bringt Futter. Mit ihren Flügeln hält sie die Eier gleichmäßig warm. Ab und zu dreht sie die Eier. Bis ein Küken mit aller Kraft die Schale aufpickt und schlüpft.

Von Ast zu Ast

Sind sie alt genug, um das Nest zu verlassen, trainieren die jungen Eulen ihre Flugfähigkeiten und erkunden die umliegenden Äste. Dann werden sie Ästlinge genannt. Die Euleneltern passen aber weiterhin auf sie auf und versorgen die Ästlinge auch mit Futter.

Endlich flügge

Das Fliegen muss den Eulen niemand beibringen – das ist ein Urinstinkt. Sobald der Herbst kommt, müssen die jungen Eulen losziehen und sich ein eigenes Revier suchen. Ab jetzt sind sie völlig auf sich allein gestellt.

Guten Appetit!

Eulenküken haben einen riesengroßen Hunger! Wenn sich eine Waldkauz-Familie mit drei Küken ausschließlich von Mäusen ernähren würde, müssten die Euleneltern in 3 Monaten um die 2 000 Mäuse fangen. In guten Mäusejahren, wenn es also ganz viele Mäuse gibt, legen Eulen mehr Eier als in schlechten Mäusejahren. Schleier-Eulen können dann sogar zehn oder mehr Küken aufziehen. Überleg mal, wie viele Mäuse sie dafür fangen müssen!

1 Monat
etwa 700 Mäuse

1 Woche
etwa 175 Mäuse

1 Nacht
etwa 25 Mäuse

IMMER HER DAMIT
Die Beute muss auch zur eigenen Größe passen. Kleinere Eulenarten, wie dieser Kaninchenkauz, erbeuten daher nur kleine Schlangen. Sie lauern auf einem Ast, und wenn eine Schlange vorbeikommt, packen sie blitzschnell zu. Ab und zu erwischen sie auch einen Skorpion. Größere Arten wie der Virginia-Uhu können sogar Klapperschlangen, Stinktiere oder Eichhörnchen erlegen.

Hab' ich dich!

Eulen fressen alles, was ihnen vor den Schnabel kommt. Nicht nur Mäuse und Insekten, sondern auch Schlangen!

Wo leben Eulen?

Wüste und Wald

Du läufst durch den Wald und findest fast keine Eule? Warum, fragst du dich? Weil die meisten Eulen nicht im Wald leben. In Europa gibt es 13 Eulenarten, zehn davon auch in Deutschland. Weltweit sind es aber etwa 200 Eulenarten. Und die leben alle in unterschiedlichen Lebensräumen.

Sperber-Eule
Sperber-Eulen haben unter ihrem Schnabel einen schwarzen Fleck, der wie ein Kinn oder ein Bart aussieht.

Die Eule in der Wüste

Der Pharaonen-Uhu lebt in der Sahara-Wüste in Nordafrika. Deswegen wird er auch Wüsten-Uhu genannt. Die mittelgroße Eule hat die Farbe von Sand und Steinen und verharrt meist tagsüber unbemerkt in Felsspalten und Höhlen. Sobald die Dämmerung anbricht, zieht sie los und erbeutet Wüstenrennmäuse, Reptilien, Vögel oder den ein oder anderen Skorpion.

Lichte Nadelwälder

Die Sperber-Eule verdankt ihren Namen dem Sperber. Sie sieht nicht nur aus wie der Greifvogel, sondern jagt auch wie er am Tag und in der Dämmerung. In lichten Nadelwäldern sitzt sie auf Bäumen und hält mit ihren leuchtend gelben Augen Ausschau nach Wühlmäusen. Genau wie der Sperber kann die Sperber-Eule rasend schnell fliegen und ist sehr wendig.

Pharaonen-Uhu
Er ist viel kleiner und leichter als unser europäischer Uhu. Seine Fänge und Zehen sind vollständig befiedert.

Sag mal ...

Henri, 8 Jahre

»Was machen Eulen bei Hitze?«

»Wenn es zu heiß ist, hecheln Eulen mit offenem Schnabel – ähnlich wie Hunde. So werden sie die warme Luft aus dem Körper schneller wieder los.«

Am Wasser

Von den Fisch-Uhus gibt es mehrere Unterarten. Was sie alle gemeinsam haben? Sie leben in Wäldern entlang großer Flüsse und Seen. Denn wie ihr Name verrät, fressen sie Fische. Das Besondere ist, dass ihre Fänge keine Federn haben und an der unteren Seite mit kleinen Zähnchen ausgestattet sind. So können sie ihre schlüpfrige Beute blitzschnell ergreifen und festhalten.

Fisch-Uhu
Der Fisch-Uhu verbringt ungewöhnlich viel Zeit auf dem Boden. Während der Jagd läuft er durch den Fluss oder am Flussufer entlang, oder er sitzt in der Nähe auf einem Baumstamm.

In der arktischen Tundra

Zwischen Eis und Schnee lebt die Schnee-Eule mit ihrem dichten Federkleid, das sie vor der extremen Kälte schützt. Auch am Schnabel und an ihren Fängen hat sie Federn. Diese riesigen Puschelfüße benutzt die Schnee-Eule beim Laufen im Schnee wie Schneeschuhe. Bei sehr tiefem Schnee spreizt sie zusätzlich die Flügel und den Schwanz, um nicht einzusinken. Die Schnee-Eule kann Temperaturen bis zu minus 55 Grad Celsius aushalten!

Schnee-Eule
Im Lauf ihres Lebens wird eine Schnee-Eule immer weißer. Weibchen behalten aber ihr Leben lang braune Flecken im Gefieder. Die Männchen sind irgendwann schneeweiß.

Männchen oder Weibchen?

1 Bei den Eulen haben die Frauen das Sagen. Die Weibchen (Weiber) sind meist um ein Drittel größer als die Männchen (Terzel).

2 Die Weiber sind größer, da sie alle Eier wärmen und im Notfall auch gegen Feinde verteidigen müssen. Die Terzel müssen für die Aufzucht viel Nahrung erbeuten. Da ist es besser, wenn sie klein, flink und wendig sind.

3 Oft ist es gar nicht so leicht zu sagen, ob die Eule vor dir ein Weib oder ein Terzel ist. Denn es gibt auch kleine Weiber und große Terzel, und sie haben die gleiche Gefiederfärbung. Da hilft nur ein DNA-Test im Labor.

AUFGEPASST!
Dieser Kaninchenkauz hält vor seiner Höhle Wache. Bei Gefahr gibt er ein Zischen und Rasseln von sich wie eine Klapperschlange.

Der Kauz ...

... und seine seltsamen Gewohnheiten

Huu-Hu! Hast du schon mal einen Waldkauz rufen hören? Sein schaurig schöner Gesang wird oft in Filmen in besonders spannenden Szenen eingesetzt. Damit ist der Waldkauz berühmt geworden. Oder wusstest du, dass der Sperlingskauz seine Beute in kalten Höhlen lagert? Er nutzt sie wie einen Kühlschrank. Und es gibt noch mehr außergewöhnliche Käuze!

HINTEN ODER VORNE?
Wozu das Scheingesicht gut ist, weiß man nicht.

Der Höhlenbewohner unter den Eulen

Den Kaninchenkauz erkennst du an seinen langen Beinen. Er gehört zu den Steinkäuzen und lebt in den Grassteppen Nord- und Südamerikas. Man nennt ihn auch Höhlen-Eule, weil er sich in verlassenen Bodenhöhlen von Säugetieren einnistet oder selbst eine Höhle gräbt. Sie kann bis zu einem Meter tief liegen und drei Meter lang sein. Kaninchenkäuze sind clevere, aber etwas faule Jäger: Sie legen vor ihren Nestern Mist aus und locken so Mistkäfer an, die sie dann fressen.

Jetzt wird's eklig

Steinkäuze nisten in Baumhöhlen. Wenn sie Junge versorgen, lassen sie Futter in der Höhle liegen, bis Fliegen ihre Eier darin ablegen. Aus ihnen schlüpfen Maden, und die verfüttern die Steinkäuze an ihre Küken. Was wir nicht gerade lecker finden, ist eine wichtige Proteinquelle.

Flinke Füße

Steinkäuze können so schnell laufen, dass sie sogar flüchtende Mäuse einholen. Am Nacken haben sie eine Gefiederzeichnung, die aussieht wie ein Gesicht. Man nennt es Scheingesicht oder Occipitalgesicht.

Elfenkauz
12–14 cm

Riesenfisch-Uhu
60–72 cm

Junge
etwa 1,30 m

REKORDHALTER
Die größte Eule der Welt ist auch die seltenste: Vom Riesenfisch-Uhu gibt es noch etwa 1000 Tiere. Die kleinste Eule, der Elfenkauz, ist so groß wie eine Getränkedose.

Meister der Tarnung

Gut getarnt wartet die Sumpfohr-Eule auf ihr nächstes Opfer – manchmal stundenlang.

GEDULDIGE JÄGER
Die tagaktive Sumpfohr-Eule ist etwas größer als eine Taube. Du erkennst sie an ihrem runden Kopf und den schwarz umrandeten gelben Augen. Sie jagt in Wiesen, Sümpfen und Mooren nach Mäusen und Jungvögeln. Mit ihrem gefleckten Gefieder ist sie so gut an die Umgebung angepasst, dass man sie leicht übersieht. In Deutschland gibt es kaum noch 100 Paare.

Wo ist die Eule?

→ *Nachtschwärmer*
Eulen zu finden, ist gar nicht so einfach. Die meisten schlafen am Tag und werden erst in der Dämmerung aktiv. Dann kannst du sie beobachten.

→ *Gut getarnt in den Bäumen*
Waldohr-Eulen versammeln sich im Winter in Parks und verschlafen den Tag in Bäumen. Sie sehen der Baumrinde zum Verwechseln ähnlich.

→ *Eulen im Internet*
Du kannst auch nach Tierwebcams suchen, die in Brutgebieten aufgestellt sind. So lassen sich die Eulen im Internet rund um die Uhr beobachten.

WARTEN UND LAUSCHEN
Dieser kleine Steinkauz hat sich einen Aussichtsplatz in einem alten Haus gesucht.

Auf Spurensuche!

Die meisten Eulen kommen erst aus ihren Verstecken, wenn wir nicht mehr viel sehen können. Tagsüber kannst du aber nach ihren Spuren suchen. Halte einfach nach ihrer Kacke Ausschau. Den weißlich grauen Eulenkot findest du an Gebäuden, Bäumen oder auf dem Boden.

GEWÖLLE
Am Gewölle kannst du erkennen, was eine Eule am Vortag verspeist hat. Das hier war eine Wühlmaus.

Spuren auf dem Boden

Suchst du nach Eulen, dann schau zuerst nach unten auf den Boden statt nach oben. Wenn du Fußabdrücke suchst, wirst du enttäuscht sein. Eher findest du ein paar Federn, die sich je nach Eulenart in Farbe und Größe unterscheiden.

Gewölle und andere Reste

Eulen zerkleinern ihre Beute meistens nicht, sondern verschlingen sie im Ganzen. Fell, Federn, Knochen, Zähne und alles, was ihr Magen nicht verdauen kann, würgen sie als Gewölle wieder heraus: In diesen Speiballen sind die Reste zusammengepresst.

Eine Leibspeise von großen Eulen sind Igel. Sie nehmen die Tiere mit in ihre Bruthöhle und fressen sie leer. Zurück bleibt die Haut mit den Stacheln, die sie dann auf den Boden werfen.

Welche Eule ruft da?

Zwischen Februar und April ist Balzzeit. Am Waldrand oder in Parks hörst du Eulen-Rufe: das schaurige »Huuu-hu-uuuuu« des Waldkauz-Männchens oder das »Guck« und »Guiau« vom Steinkauz. Ab April fiepen Waldohr-Eulenküken nachts stundenlang nach Futter. Das klingt wie eine quietschende Tür.

Hier findest du unsere Eulen

1. Der Waldkauz liebt Buchenwälder und nistet in Baumhöhlen und auf Dachböden.
2. Der Sperlingskauz mag Nadel- und Mischwälder und dort besonders das dichte Unterholz. Zum Nisten sucht er sich eine Baumhöhle.
3. Schleier-Eulen bevorzugen Kirchtürme, Burgen und offene Scheunen, nutzen aber auch Nistkästen. Wichtig sind Plätze, die für die Brut und die Jagd geeignet sind.
4. Den Uhu findest du in Bergregionen mit felsigen Gebieten, aber auch in Steinbrüchen. Er nistet in Felsnischen, auf Felsvorsprüngen oder in Greifvogel-Nestern.

Fell und Knochen

WER HAT'S GEFRESSEN?
Weißt du, wie du herausfindest, ob ein Gewölle von einer Eule oder einem Greifvogel stammt? Die Speiballen der Eulen enthalten Knochen – die von Greifvögeln nicht. Denn sie können die Knochen verdauen. Im Gewölle findest du zum Beispiel auch Reste von Haaren und Insektenpanzern. So weißt du ganz genau, welche Tiere die Eule gefressen hat.

Was die Eule nicht verdauen kann, würgt sie als Gewölle wieder heraus.

Meine Eulen und ich

Oder wie ich auf die Eule kam

Schon als Kind sammelte ich alle verletzten Tiere ein, die meine Hilfe brauchten. Ich kletterte zum Fenster hinaus und streunte allein über Wiesen und durch Wälder in Baden-Württemberg, wo ich aufgewachsen bin.

EIN LEBEN MIT TIEREN
Tanja, die Autorin dieses Buches, ist Falknerin und begeistert sich schon sehr lange für Eulen und Greifvögel.

Tiere brauchen überall unsere Hilfe

Bei uns im Ort gab es eine alte Schreinerei, ein Spukhaus und ein altes, leer stehendes Schwimmbad auf dem Grundstück einer Villa. Stundenlang beobachtete ich dort alle möglichen Tiere. Fand ich ein verletztes, brachte ich es nach Hause, um es zu pflegen. Als wir dann in ein Mehrfamilienhaus bei Stuttgart zogen, musste ich weg von meinen Tieren. Aber ich ließ mich auch hier nicht davon abbringen, verletzte Tiere mitzunehmen und gesund zu pflegen.

Erste Begegnung mit einem Greifvogel

Eines Tages entdeckte ich einen verletzten Bussard auf einer Wiese. Er hatte die Augen geschlossen und bewegte sich nicht. Ich ging vorsichtig auf ihn zu und redete beruhigend auf ihn ein. Keine Reaktion. Langsam legte ich meine Jacke um ihn, hob ihn auf und stapfte mit ihm los zum Tierarzt. Mir kam der Weg unendlich lang vor, und der Vogel fühlte sich so schwer wie ein Seeadler an.

Ein trauriges Ende

Ich erzählte ihm, was wir alles unternehmen würden, wenn er wieder gesund wäre. Beim Tierarzt angekommen, zog der sich dicke Handschuhe an und griff nach dem Bussard, der plötzlich zum Leben erwacht war. Er schlug wie wild mit den Flügeln. Leider konnte der Tierarzt ihm nicht mehr helfen und gab ihm eine Spritze. Mein Vogel wurde ganz still, seine Beine wurden schlaff und der Kopf sank auf den Metalltisch. Der Bussard war tot! Ich kann gar nicht beschreiben, wie elend mir zumute war.

Poldi und Ingo …

Damals habe ich mir vorgenommen, jedem Vogel, der Hilfe braucht, alles zu geben, um ihn gesund zu machen. Seit ich Falknerin bin, darf ich die Tiere auch bei mir zu Hause aufnehmen. Denn Eulen als Haustiere zu halten, ist verboten. So zog eines Tages Steinkauz Poldi bei mir ein, der beste Freund von Ingo, meinem Hund. Wir erlebten gemeinsam viele Abenteuer. Ingo ist ganz vernarrt in Eulen, und dank seiner feinen Nase haben wir schon viele verletzte Eulen gefunden.

FREUNDE
Auf unseren zahlreichen Ausflügen durch die Natur haben wir schon so viel gemeinsam erlebt und konnten eine Menge entdecken.

... und all die anderen

Heute lebe ich in einem alten Haus mit meinen Hunden Ingo und Dio, dem Wüstenbussard Phönix, den Steinkäuzen Albi und Siggi, den Uhus Klaus-Bärbel und Brunhilde, den Weißgesichts-Eulen Gandalf und Gert, den Habichtskäuzen Rüdiger und Lutz und den Schleier-Eulen Lusi und Karola. Regelmäßig besuchen uns Waschbären, Füchse, Marder und eine Menge anderer Tiere.

»Die Verbindung zu einer Eule findet für mich über alle Sinne statt. Du musst sie nur ganz genau beobachten, dann kannst du sie verstehen.«

Tanja Brandt, Falknerin und Fotografin

Erste Hilfe für Eulen

→ ***Eule gefunden – was tun?***
Im besten Fall hat die Eule sich nur verflogen oder wurde versehentlich eingesperrt. Öffne die Tür oder ein Fenster.

→ ***Wann braucht eine Eule Hilfe?***
Sitzt eine Eule am Boden und lässt sich anfassen, braucht sie meist Hilfe. Du kannst sie aufheben, indem du ihr eine Decke überwirfst. Vorsicht vor Krallen und Schnabel!

→ ***Wie transportierst du sie?***
Am besten, du setzt sie in einen Karton, aus dem sie nicht von selbst herauskommt. Je dunkler es darin ist, desto weniger Stress verursacht der Transport.

→ ***An wen kannst du dich wenden?***
Du kannst dich immer zuerst bei der Feuerwehr melden. Sie kann Nestlinge zurück in ihre Höhle setzen und eingeklemmte Eulen befreien.

Gefahren lauern fast überall

TÖDLICHE FALLE
Wenn du ein Kratzen im Kamin hörst, könnte es von einem Kauz kommen. Hol dir unbedingt Hilfe von der Feuerwehr oder Tierrettung in deiner Nähe. Sie können den Vogel befreien und medizinisch versorgen.

Nicht immer ist eine Eule in Gefahr, wenn du sie findest. Bevor du zu helfen versuchst, solltest du genau beobachten, wie sich das Tier verhält. Ästlinge erkunden gern die Umgebung und sitzen auch mal auf dem Boden. Die Eltern kümmern sich aber weiterhin um sie.

Vorbeifahrende Autos

Eulen, die nachts neben der Autobahn nach Nahrung suchen oder die während der Partnersuche im Tiefflug über Landstraßen gleiten, sind in Lebensgefahr. Sie können leicht mit einem Auto zusammenstoßen oder von seinem Sog mitgerissen werden.

Weg mit dem Stacheldraht!

Fliegende Eulen erkennen Stacheldraht-Zäune meist nicht rechtzeitig und können darin hängen bleiben. Dann flattern sie verzweifelt und verheddern sich im Zaun. Findest du so eine Eule, bringst du sie am besten mit dem Draht zum Tierarzt oder zur Tierärztin. Versuche nicht, sie zu entwirren, um sie nicht noch mehr zu verletzen.

Sausende Rotoren

Zum Problem können auch Windkraft-Anlagen werden. Eulen sehen die herumsausenden Rotorblätter nicht rechtzeitig, um auszuweichen. Die Rotoren haben eine Geschwindigkeit von 130 bis knapp 400 Kilometern pro Stunde!

Was macht die Eule im Kamin?

1. Der Waldkauz heißt auch Kaminkauz, weil er manchmal in Kaminen nistet.

2. Der Kauz fliegt hinein, weil er denkt, er hätte eine tolle Baumhöhle gefunden. Ohne Hilfe kommt er leider nicht mehr heraus.

3. Zum Schutz kann man im Kamin ein Gitter anbringen, das die Tiere auffängt.

4. Die geretteten Vögel müssen unbedingt untersucht und gebadet werden. Sie sind meist erschöpft, ausgehungert und brauchen ein paar Tage Pflege.

→ Das können wir tun!

1 *Wasserstellen*
Fällt eine Eule in eine Regentonne oder eine Pferdetränke, kann sie sich nicht selbst befreien und ertrinkt. Bretter in den Wasserstellen oder Deckel über Tonnen schützen Eulen.

2 *Spiegelnde Fenster*
Gegen Unfälle mit Glasscheiben helfen bunte Aufkleber oder Windspiele. Greifvogel-Silhouetten, die man überall kaufen kann, nützen leider nicht viel. Denn darauf fallen Eulen nicht rein.

3 *Nisthilfen anbieten*
Eulen brauchen geschützte Plätze, um Junge aufzuziehen. Vielleicht gibt es bei dir einen Baum, an dem du einen Nistkasten anbringen darfst. Bauanleitungen gibt es im Internet.

4 *Pate oder Patin werden*
Man kann auch eine Patenschaft für eine oder mehrere Eulen übernehmen. Dann unterstützt man die Tiere mit regelmäßigen Spenden.

Eulen brauchen Schutz!

Was machen Eulenvereine?

NISTHILFE
Nicht alle Eulen mögen die gleiche Art von Nistkasten. Deswegen gibt es verschiedene Modelle. Die Nistkästen werden von den freiwilligen Helfern und Helferinnen selbst gebaut.

Eulenvereine setzen sich für den Schutz und den Erhalt der Eulen ein. Dabei geht es nicht nur darum, Gefahren von den Vögeln abzuwenden. Auch das Anbringen von Nistkästen und Projekte, bei denen einzelne Arten wieder angesiedelt werden, können dabei helfen, die Zahl der Eulen zu vergrößern.

Das Habichtskauz-Projekt

Vor etwa 100 Jahren starb der Habichtskauz in Deutschland aus. Deshalb wurden von 1975 bis 2005 im Nationalpark Bayerischer Wald rund 200 Habichtskäuze freigelassen. Die Tiere wurden vorher in Falknereien und Zoos extra dafür gezüchtet. Dann gewöhnte man sie in sogenannten Volieren, das sind Außengehege, an den neuen Lebensraum. Schließlich ließ man sie frei. Viel Aufwand, der sich aber gelohnt hat! Heute leben wieder einige Brutpaare in der Region.

Nisthilfen basteln und aufhängen

Einige Eulenvereine bauen Nistkästen für Sperlingskäuze, Steinkäuze, Habichtskäuze und Schleier-Eulen und bringen sie dort an, wo die Tiere bevorzugt nisten. Meist sind Höhlenbrüter dankbar für dieses Angebot. Mit langen Leitern klettern die Helfer und Helferinnen in die Bäume und hängen die Kästen dort auf, wo die Eulen in Ruhe ihre Jungen aufziehen können. Die Kästen für Steinkauz und Schleier-Eule hängen sie auch an Scheunen, wenn der Landwirt oder die Landwirtin es erlaubt.

FLUGTRAINING
Ein junger Habichtskauz trainiert seine Flügel, um später ein kräftiger Flieger zu werden.

Ein kleines Wunder

Die Geschichte von Albi

Albi kam als Steinkauz-Küken zu mir. Ihr Leben begann fast schon hoffnungslos – und es endete in einem kleinen Wunder. Endete? Nein, es beginnt gerade! Was ich dabei gelernt habe? Ich gebe erst auf, wenn ich alles versucht habe. Besonders, wenn es schwierig wird.

VERWANDLUNG
Vom kleinen hässlichen Eulchen hat sich Albi zu einer wunderschönen Steinkauz-Dame entwickelt.

Wir brauchen mehr Steinkäuze!

Seit vielen Jahren züchte ich Steinkäuze. Wenn die kleinen Eulen im Spätsommer kräftig genug sind, um allein zu überleben, wildere ich sie aus. Dazu suche ich entweder selbst geeignete Lebensräume, wo wir Steinkauz-Kästen aufhängen können. Oder ich übergebe die Tiere an Auswilderungs-Projekte.

Vier fluffige Küken

Meine Steinkäuze Ronni und Julia hatten fünf Eier im Nest. Aus dreien schlüpften flauschige schneeweiße Küken. In zwei Eiern rührte sich nichts. Am nächsten Tag sah ich vorsichtig nach: Ein viertes Küken war geschlüpft! Das fünfte Ei war leer, und die Eltern schubsten es aus dem Kasten.

Räuber im Gehege!

Als ich am nächsten Tag Futter bringen wollte, war ich völlig geschockt: Die Eltern flogen aufgeschreckt kreuz und quer durch die Voliere. Denn ihre Küken lagen tot auf dem Boden. Schnell war klar, dass hier ein Mauswiesel gewütet hatte. Diese Wiesel können durch kleinste Löcher schlüpfen, und irgendwo war wohl eines. Ich starrte entsetzt auf die toten Küken. Plötzlich bewegte sich eines!

24 Stunden Futter und Wärme

Das Küken war verkrustet und verklebt, kraftlos und atmete kaum. Aber es lebte! Schnell brachte ich Albi, so nannte ich das unglückliche Küken, ins Haus und bereitete alles vor, um ihm wieder auf die Beine zu helfen. Ich stellte die Wärmelampe auf, baute Albi ein Nest und besorgte ein paar Mäuse. Albi brauchte mich rund um die Uhr. Alle zwei Stunden bekam sie winzige Mäusestückchen. Um sie herum musste es gleichmäßig warm sein. Sonst hätte sie nicht überlebt. Eulen haben eine Körpertemperatur von 40 Grad Celsius – bei dir wäre das hohes Fieber. Um die Temperatur zu halten, brauchen Eulen viel Energie und ein warmes Nest.

Ein vergnügter kleiner Kobold

Zu Beginn war es gar nicht so einfach, Albi überhaupt zum Fressen zu bringen. Sie war zu schwach. Heute merke ich davon

ALBI
Aus der kleinen Kämpferin von damals ist eine kugelrunde Steinkauz-Dame geworden, die ihren Schnabel in alles steckt, was sie interessiert.

nichts mehr, Albi mampft alles weg, was ich ihr anbiete. Manchmal bis zu vier Mäuse pro Mahlzeit! Man sieht es ihr auch an: Albi sieht aus wie eine kleine Bowlingkugel. Die ganze Mühe hat sich mehr als gelohnt. Aus dem kleinen zerrupften Küken ist eine selbstbewusste Steinkauz-Dame geworden! Albi gestaltet ihre Voliere um, schaukelt in einer großen Korkröhre, ist manchmal mit mir draußen unterwegs und beobachtet nachts die Waschbären. Wenn sie zu nah herankommen, schreit Albi sie sofort an. Obwohl ein Waschbär bis zu 40-mal mehr wiegt als Albi.

AUSWILDERUNG
Natürlich bin ich auch immer ein bisschen traurig, wenn ich Eulen auswildere. Aber die Projekte sind mir sehr wichtig.

Steinkäuze auswildern

Die kleinen Eulen sind stark gefährdet. Vereine kümmern sich darum, dass die Zahl der Brutpaare wieder steigt. Sie ziehen kleine Käuze heran, beringen sie und gewöhnen sie an ein Leben in Freiheit. In Volieren gewöhnen sich die Tiere an die Geräusche im neuen Lebensraum und lernen Mäuse zu jagen. Sind die kleinen Käuze bereit, werden sie freigelassen und sind auf sich allein gestellt.

AHA

Wie alt werden Eulen?

Je kleiner die Eule, desto geringer ist ihre Lebenserwartung. Im Schnitt können Eulen um die 15 Jahre alt werden, größere Arten auch bis zu 30 Jahre. Leider werden die meisten Eulen kaum älter als 4 Jahre. Denn es lauern viele Gefahren auf sie. In Gefangenschaft wurde ein Uhu aber sogar mal 68 Jahre alt!

Gute Nacht?

Wie Eulen schlafen

Auch Eulen müssen schlafen. Da die meisten erst in der Dämmerung aktiv werden, schlafen sie tagsüber und sammeln ihre Kräfte. Dann sitzen sie gut versteckt mit halb geschlossenen Augen auf einem Felsvorsprung oder auf einem Baum. Hast du schon mal eine schlafende Eule gesehen?

STURMFEST
Probier mal 3 Minuten lang auf einem Bein zu stehen. Die Eule kann das stundenlang und für sie ist das auch noch superbequem.

Der Tag ist nicht nur zum Schlafen da

Für ihr Päuschen ziehen Eulen sich an geschützte Orte zurück, an denen sie nicht gestört werden. Das können Baumkronen sein oder Höhlen und Felsnischen. Dabei verschlafen sie nicht den ganzen Tag. Sie verbringen auch viel Zeit damit, sich zu putzen oder ein Sonnenbad zu nehmen. Übrigens: Eulenküken schlafen ausgestreckt auf dem Bauch – mit dem Gesicht nach unten – wie Menschenbabys. Ihr Kopf ist für sie noch sehr schwer, und in dieser Schlafhaltung können sie nicht vom Ast fallen.

Warum schlafen Eulen auf einem Bein?

Forschende glauben, dass Eulen so Wärme besser speichern können. Denn dann ist nur ein Bein in der Kälte. So wie wenn du deine kalten Hände in die Taschen steckst, um sie zu wärmen. Aber Eulen schlafen auch auf einem Bein, wenn es heiß ist. Warum, weiß man nicht genau. Umfallen können sie dabei aber nicht. Dafür sorgt ein Mechanismus in ihrem Bein, mit dem die Sehnen wie festgezurrt sind.

Ein Baum voller Eulen

Eulen sind Einzelgänger. Nur zur Paarung und Aufzucht der Jungen leben sie als Pärchen zusammen. Ausnahmen bilden die Waldohr-Eulen, die sich oft mehrere Winter lang in Gruppen von 20 bis 100 Eulen auf Schlafbäumen treffen. Die Schlafbäume haben Tradition und werden viele Jahre hintereinander aufgesucht. Im Frühjahr lösen sich die Gruppen wieder auf.

IM CHOR
Junge Waldohr-Eulen sitzen im Sommer zusammen und betteln um Futter. Dabei rufen sie die ganze Nacht so laut und schrill, dass sie dir den Schlaf rauben können.

Sitzt da ein Äffchen im Baum? Manchmal sehen Eulen so seltsam aus, dass du sie nicht sofort erkennst.

EULE ODER WAS?
Je nach Stimmung verändern Eulen ihr Aussehen. Vorher noch niedlich, kann eine wütende Eule ziemlich angsteinflößend aussehen. Genau das ist auch der Plan dieser Eule. Denn mit einem Gewicht von rund 200 Gramm ist diese Weißgesichts-Eule für die meisten kein ernst zu nehmender Gegner. Deshalb will sie ihre Feinde beeindrucken und plustert sich auf. So wirkt sie größer, als sie ist.

Wer bin ich?

Auch Eulen haben schlechte Laune

Was dir ihre Körpersprache verrät

Triffst du auf eine Eule mit Federohren, dann hast du Glück! An ihnen kannst du nämlich sehr gut ablesen, in welcher Stimmung sie gerade ist. Aber auch die restliche Körpersprache von Eulen verrät dir viel über sie. Schau mal, wie unterschiedlich die Weißgesichts-Eule Gandalf je nach Laune aussieht!

Die Ohrensprache der Eulen

Sind die Federohren aufgerichtet, ist die Eule sehr aufmerksam oder aufgeregt. Sind sie hoch aufgerichtet und fast schon kerzengerade, solltest du vorsichtig sein. Diese Eule ist nicht zum Scherzen aufgelegt. Legt die Eule ihre Federohren an den Kopf an, ist sie hingegen entspannt, vielleicht auch ein bisschen müde - oder aber unzufrieden. Das bekommst du am besten raus, wenn du die übrige Körperhaltung und das Verhalten der Eule beobachtest.

Aufplustern, Zwinkern und Schnabelklappern

Wenn die Eule vor dir keine Federbüschel am Kopf hat, dann solltest du die Federn an ihrem Körper beobachten. Plustert sich der Vogel auf, sodass die Federn fast waagerecht vom Körper abstehen, solltest du dich besser ganz langsam zurückziehen. Die Eule hat dir zugezwinkert? Das sieht zwar süß aus – ist es aber ganz und gar nicht. Klimpert die Eule mit den Augen, ist das eher eine heftige Drohung. Also auch lieber Rückzug! Klappert sie dann noch mit ihrem Schnabel, solltest du zusehen, dass du Land gewinnst. Dann ist aus Eulensicht irgendwas zwischen euch ziemlich schiefgelaufen.

Faule Eule

Auch Transformer Owls sehen mal normal aus. Verwandeln ist schließlich anstrengend.

Leine ziehen

In manchen Situationen reicht es, wenn man sich versteckt oder einfach wegläuft. Eulen sind gute Läufer!

Angriffslustig

Kommt ein Hund vorbei, wird mächtig auf dicke Feder gemacht. Das Aufblasen kommt auch bei Katzen gut an. Zischen, aufgerissene Augen und klackern unterstreichen die miese Stimmung.

Grusel-Eule

Wenn das alles nicht hilft, geht nur noch lang machen und mürrisch gucken: das große Kino für fiese Feinde, die sich durch nichts bezwingen lassen.

Rasenmäher-Laune

Was soll der Krach? Wenn zum Beispiel ein Rasenmäher oder eine Maschine Lärm macht, verursacht das schon ziemlich schlechte Laune.

Transformer Owl

Die Afrikanische Weißgesichts-Zwergohr-Eule ist eine Stimmungskanone. Man nennt sie auch Transformer Owl, auf Deutsch etwa Verwandlungs-Eule. Diese Tiere plustern sich bei Gefahr oder Ärger entweder gewaltig auf – oder sie machen sich so lang und so schmal, dass sie fast einem Ast ähneln.

Wer hat dieses Buch geschrieben?

UNSERE AUTORIN
Viele kennen mich genau so. Mit Eule auf dem Kopf oder auf der Schulter. Von dort aus haben sie nämlich alles im Blick.